LE TAROT DE DANTE

collection

LO SCARABEO

Intuitives
ÉDITIONS

LE TAROT DE DANTE

Concept : Pietro Alligo
Graphisme par Guido Zibordi Marchesi
Notice : Charlie Westby

Les cartes ont été initialement développées par Guido Zibordi Marchesi pour le Tarot de Giotto en 2001, puis adaptées pour le Tarot de Dante.

Titre original : *Dante Tarot*
Publié pour la première fois par Lo Scarabeo.

Traduit de l'anglais par Karine Forestier

ISBN : 978-2-38297-028-7

www.editions-tredaniel.com
info@guytredaniel.fr
www.facebook.com/editions.tredaniel

SOMMAIRE

Ce tarot est dédié à Dante Alighieri, à l'occasion du 700e anniversaire de sa mort et en souvenir de l'héritage qu'il a légué à la culture des siècles.

À LA DÉCOUVERTE DE DANTE ALIGHIERI

Dante – dont le nom complet est Dante Alighieri –, né entre le 21 mai et le 20 juin 1265 à Florence, mort le 14 septembre 1321, est un poète et prosateur italien, théoricien littéraire, philosophe moral et penseur politique. Il est surtout connu pour son poème épique monumental, *La Divine Comédie*, véritable point de repère dans la littérature italienne et l'une des plus grandes œuvres de toute la littérature médiévale. Il y développe une vision profondément chrétienne du destin temporel et éternel de l'humanité. À son niveau le plus personnel, l'œuvre s'inspire de sa propre expérience d'exilé de sa ville natale, Florence. Mais elle peut aussi être lue comme une allégorie : le voyage d'une âme à travers l'enfer, le purgatoire et le paradis. Le « voyage du héros » que Dante dépeint dans *La Divine Comédie* est remarquable par sa similitude avec les grands thèmes du Tarot, même si le Tarot lui-même n'est probablement né qu'environ deux siècles plus tard.

La Divine Comédie étonne par l'étendue de son savoir, par son analyse profonde et complète des problèmes contemporains, l'inventivité de sa langue et de ses images. En choisissant d'écrire son poème en langue vernaculaire italienne plutôt qu'en latin, Dante a influencé le cours de l'évolution de la littérature. Non seulement il a prêté une voix à la culture émergente de son pays, mais il a également fait de l'italien la langue littéraire de l'Europe occidentale pendant plusieurs siècles.

Dante a par ailleurs écrit d'importantes œuvres théoriques, traitant de rhétorique aussi bien que de philosophie morale en passant par la pensée politique. Familier de la tradition classique, il s'inspirait d'auteurs tels que Virgile, Cicéron et Boèce. Fait inhabituel pour un laïc, il avait également une maîtrise impressionnante de la philosophie et de la théologie universitaires récentes. Son savoir et son implication personnelle dans les controverses politiques passionnées de son époque l'ont poussé à écrire *La Monarchie*, l'un des principaux traités de philosophie politique médiévale.

SA JEUNESSE
ET *LA VITA NUOVA*

La plupart des informations connues sur la vie de Dante nous ont été transmises par lui-même. Né à Florence, en 1265, sous le signe des Gémeaux (21 mai - 20 juin), il est resté dévoué à sa ville toute sa vie.

Dante raconte dans ses écrits comment il a combattu dans la cavalerie contre les Gibelins, un parti florentin banni qui soutenait la cause impériale. Il parle également de son professeur, Brunetto Latini, ainsi que de son talentueux ami Guido Cavalcanti, lui-même poète. Il évoque sa dette poétique envers Guido Guinizelli, les origines de sa famille – notamment son arrière-arrière-grand-père, Cacciaguida, que le lecteur rencontre dans le chant central du *Paradis* – et, plus loin encore, la fierté éprouvée à l'idée que ses lointains ancêtres descendaient de soldats romains installés sur les rives de l'Arno.

Cependant, Dante en révèle peu sur sa famille proche. Rares ou inexistantes sont les mentions de ses parents ou de ses frères et sœurs dans *La Divine Comédie*. Une sœur est évoquée dans *La Vita Nuova (La Vie nouvelle)*, tandis que son père est le sujet de multiples sonnets insultants échangés, en plaisantant, entre Dante et son ami Forese Donati. Comme Dante est né en 1265 et sachant que les Guelfes exilés, au parti desquels adhérait la famille de Dante, ne sont revenus qu'en 1266, il semblerait son père n'ait pas été un personnage assez important pour justifier l'exil. La mère de Dante, Bella, est morte quand il était jeune, certainement avant qu'il n'atteigne l'âge de quatorze ans. Son père a alors épousé Lapa di Chiarissimo Cialuffi, union qui a donné naissance à un fils, Francesco, et une fille, Gaetana. Le père de Dante est mort avant 1283, car c'est l'époque à laquelle Dante, ayant grandi, a pu, en tant qu'orphelin, vendre un crédit appartenant à son père. Le patriarche des Alighieri a laissé à ses enfants un héritage modeste mais confortable, composé de propriétés situées à Florence et dans ses environs. À peu près à cette époque, Dante a épousé Gemma Donati, à laquelle il était fiancé depuis 1277.

La vie de Dante a été marquée par une longue histoire de conflits entre les partis impérial et papal – appelés respectivement Gibelins et Guelfes. Après le milieu du XIIIe siècle, les antagonismes étaient brutaux, mortels même, chaque camp prenant le dessus tour à tour, infligeant de très lourdes peines et l'exil à ses adversaires. En

1260, après une période d'ascension, les Guelfes sont vaincus à la bataille de Montaperti (*L'Enfer* X, 32). Cependant, en 1266, une faction de Guelfes, soutenue par l'armée papale et l'armée française, a réussi à vaincre les Gibelins à Bénévent, les bannissant à jamais de Florence. Dante grandit donc dans une ville débordante de la fierté et de l'expansionnisme qui caractérisent la fin d'un conflit, désireuse d'étendre son contrôle politique à toute la Toscane. Les Florentins se comparaient à Rome et aux anciennes cités-états.

Florence ne s'est pas contentée d'étendre son pouvoir politique, elle était également prête à exercer sa domination intellectuelle. La figure de proue de l'ascension intellectuelle de Florence est un exilé de retour au pays, Brunetto Latini. Lorsque Dante décrit sa rencontre avec son grand maître – dans *L'Enfer* –, il ne faut pas y voir la simple rencontre d'un élève avec son maître, mais plutôt la rencontre de toute une génération avec son mentor intellectuel. Car Latini a éveillé une nouvelle conscience publique chez les personnalités de la jeune génération, dont Guido Cavalcanti, Forese Donati et Dante lui-même, les encourageant à mettre leurs connaissances et leurs compétences d'écrivains au service de leur cité ou de leur nation. Dante accepte volontiers l'hypothèse aristotélicienne selon laquelle l'homme est un être social (politique). Même dans *Le Paradis*, il admet comme incontestable l'idée que les choses seraient bien pires pour l'homme s'il n'était pas membre d'une cité-état.

Un historien contemporain de Dante, Giovanni Villani, a caractérisé Latini comme « l'initiateur et le maître qui a raffiné les Florentins, leur a appris à bien parler et à guider notre république selon une philosophie politique ». Bien que le livre le plus important de Latini, *Le Trésor*, ait été écrit en français, sa culture est celle de Dante : c'est un trésor de références antiques. La première partie du Livre II contient l'une des premières traductions dans une langue vernaculaire européenne moderne de l'*Éthique* d'Aristote. Sur presque toutes les questions de philosophie, d'éthique et de politique, Latini cite librement Cicéron et Sénèque. Lorsqu'il traite de questions de gouvernement, il cite le *Livre des proverbes*, comme Dante devait le faire. La *Bible*, ainsi que les écrits d'Aristote, de Cicéron et de Sénèque tels qu'ils apparaissent dans l'œuvre de Latini, ont constitué les piliers de la culture initiale de Dante.

Parmi ceux-ci, Rome présente la source d'identification la plus inspirante. Le culte de Cicéron commence à se développer parallèlement à celui d'Aristote : Cicéron est perçu non seulement comme un prédicateur mais aussi comme l'exemple même de « l'intellectuel » en tant que citoyen.

Deuxième élément romain de l'héritage de Latini, qui deviendra une partie importante de la culture de Dante : l'amour de la gloire, la quête de la célébrité à travers une dévotion totale à l'excellence. C'est pourquoi, dans *L'Enfer*, Latini est loué pour avoir enseigné à Dante les moyens par lesquels l'homme se rend immortel et, dans ses mots d'adieu, Latini confie à Dante son *Trésor*, un geste grâce auquel il espère la survie de sa mémoire.

Dante est doté d'une remarquable confiance en lui sur les plans intellectuel et esthétique. À l'âge de dix-huit ans, comme il le dit lui-même dans *La Vie nouvelle*, il a déjà appris l'art de faire des vers. Il envoie un sonnet de jeunesse – qui deviendra le premier poème de *La Vie nouvelle* – aux poètes les plus célèbres de son époque. Il reçoit plusieurs réponses, mais la plus importante est celle de Cavalcanti, qui marque le début de leur grande amitié.

Comme chaque fois que de grands esprits se rencontrent, la relation entre Dante et Cavalcanti est compliquée. Au chapitre XXX de *La Vie nouvelle*, Dante dit que c'est grâce aux encouragements de Cavalcanti qu'il a écrit son premier livre en italien plutôt qu'en latin. Plus tard, dans *Le Banquet*, écrit en italien, et dans *De vulgari eloquentia*, écrit en latin, Dante rédigera l'une des premières grandes défenses de la Renaissance en faveur des langues vernaculaires. Ses réflexions ultérieures sur le sujet sont nées de ses débats avec Cavalcanti, qui le persuadait de n'écrire qu'en langue vernaculaire. C'est en raison de cette dette intellectuelle que Dante a dédié sa *Vie nouvelle* à Cavalcanti, son meilleur ami.

Plus tard, cependant, lorsque Dante devient l'un des prieurs de Florence, il est obligé de se rallier à la décision d'exiler Cavalcanti qui, ayant contracté la malaria pendant son exil, décédera en août 1300. Dans *L'Enfer*, Dante compose un monument à son grand ami et c'est un hommage tout aussi déchirant que son mémorial à Latini. Dans les deux cas, Dante fait état de sa dette, de son affection et de son estime envers ces grands hommes, mais il est également obligé de constater des divergences entre eux. Pour se sauver, il doit trouver un autre parrainage esthétique, intellectuel et spirituel plus puissant que celui offert par ses anciens amis et maîtres.

L'un de ces guides spirituels, sur lequel Cavalcanti n'était manifestement pas du même avis, a été Béatrice, figure dans laquelle Dante a créé l'une des femmes de fiction les plus célèbres de toute la littérature. Suivant en cela les changements d'orientation de la pensée de Dante et les bouleversements de sa carrière, elle a subi elle aussi d'énormes changements entre ses mains – sanctifiée dans *La Vie nouvelle*, rétrogradée dans les poèmes, à peine présentée dans *Le Banquet*, pour bénéficier d'une compréhension plus profonde dans *La Divine Comédie*, en tant que femme à qui l'on attribue le mérite d'avoir éloigné Dante du « vulgaire troupeau ».

La Vie nouvelle est le premier des deux poèmes que Dante a publiés de son vivant, l'autre étant *Le Banquet*. Chacun est un « *prosimetrum* », une œuvre composée de vers et de prose. Dans chaque cas, la prose est un moyen de relier ensemble des poèmes composés sur une période de dix ans. *La Vie nouvelle* rassemble les efforts poétiques de Dante de 1283 à 1292-93 environ ; *Le Banquet*, œuvre plus vaste et plus ambitieuse, contient la poésie la plus importante de Dante, de l'aube de 1294 jusqu'à l'époque de *La Divine Comédie*.

La Vie nouvelle, que Dante appelait son « *libello* », ou petit livre, est une œuvre remarquable. Elle contient quarante-deux brefs chapitres avec des commentaires sur vingt-cinq sonnets, une *ballata* et quatre *canzoni* ; un cinquième chant est laissé inachevé de façon dramatique par la mort de Béatrice. Le commentaire en prose fournit le cadre de l'histoire, qui ne ressort pas dans les poèmes eux-mêmes. Cette histoire est assez simple : elle raconte la première fois que Dante voit Béatrice alors qu'ils sont tous deux enfants, la façon dont elle l'a salué lorsqu'ils ont atteint l'âge adulte, les efforts de Dante afin de dissimuler son amour pour elle, la crise traversée quand Béatrice lui refuse ses salutations, l'angoisse de Dante à l'idée qu'elle se moque de lui, sa détermination à surmonter cette angoisse, à chanter uniquement les vertus de sa dame, les visions de sa mort dans un rêve prémonitoire et, pour finir, la mort de Béatrice, le deuil de Dante, la tentation de la sympathique *donna gentile*, une jeune femme qui remplace temporairement Béatrice, le triomphe final puis l'apothéose de Béatrice et enfin, dans le dernier chapitre, la détermination de Dante à écrire plus tard sur elle « ce qui n'a jamais été écrit sur aucune femme ».

Pourtant, malgré tous ces objectifs autobiographiques, *La Vie nouvelle* est étrangement impersonnelle. Les circonstances qu'elle expose sont totalement dépourvues de faits historiques ou de détails descriptifs. La langue du commentaire s'en tient également à un haut niveau de généralité. Les noms sont rarement utilisés – Cavalcanti est désigné trois fois comme le « meilleur ami » de Dante ; la sœur de Dante est désignée comme « celle qui était unie à moi par la plus grande proximité du sang ». D'un côté, Dante suggère les étapes les plus significatives de son expérience émotionnelle mais, d'un autre côté, il semble mettre à distance ses descriptions des réactions émotionnelles fortes. La structure plus large dans laquelle Dante a organisé des poèmes écrits sur une période de dix ans et la généralité de son langage poétique constituent des indications de son ambition précoce et constante d'aller au-delà des pratiques des poètes locaux.

POLITIQUE ET CARRIÈRE PUBLIQUE

Guido Guinizelli, le poète à l'origine de l'évolution de la poésie locale, est une deuxième figure poétique contemporaine derrière Dante. Les vers de Guinizelli offrent ce que Cavalcanti et Dante recherchaient : un sens remarquable de la joie, exprimée via une esthétique raffinée et lucide. Ce qui augmentait l'attrait de sa poésie, c'était son contenu érudit. Ses poèmes font l'éloge de la dame et de la *gentilezza*, la vertu qu'ils sollicitent chez leurs admirateurs. La conception de l'amour qu'il loue fait partie intégrante d'un sens de la vie raffiné et noble. C'est l'influence de

Guinizelli qui est à l'origine du tournant poétique et spirituel de *La Vie nouvelle*. Dante change sa façon de voir la poésie et, plutôt que d'écrire des poèmes sur l'angoisse, il se résout à écrire des poèmes à la gloire de sa dame, notamment la *canzone « Donne ch'avete intelletto d'amore »* (« Les dames qui ont une compréhension de l'amour »). Cette *canzone* est immédiatement suivie du sonnet *« Amore e 'l cor gentil sono una cosa »* (« L'amour et le cœur noble sont une seule et même chose »). Ces chansons marquent l'apparition d'un nouveau style poétique chez Dante, le *dolce stil nuovo* – « le doux style nouveau », dont il explique la signification de façon spectaculaire dans *Le Purgatoire*.

Cet intérêt pour la poésie philosophique provoque un autre grand bouleversement dans la vie de Dante, qu'il décrit dans *Le Banquet*. En quête d'une consolation après la mort de Béatrice, Dante rapporte qu'il s'est tourné vers la philosophie, en particulier vers les écrits de Boèce et de Cicéron. Mais ce qui devait n'être qu'un interlude temporaire à la tristesse est devenu le passe-temps de toute une vie et l'un des événements intellectuels les plus cruciaux de la carrière de Dante. La *donna gentile* de *La Vie nouvelle* se transforme en « Dame Philosophie », qui occupe bientôt toutes les pensées de Dante. Il commence à fréquenter les écoles religieuses de Florence afin d'y assister aux discussions sur la philosophie et, en l'espace de trente mois seulement, « l'amour d'elle [la philosophie] a banni et détruit toute autre pensée ». Dans son poème *« Voi che 'ntendendo il terzo ciel movete »* (« Toi qui par l'intelligence fais bouger la troisième sphère »), il met en scène cette conversion de l'ancien style doux, associé à Béatrice, et de *La Vie nouvelle*, au nouveau style rigoureux, voire sévère, associé à la philosophie. Cette période d'étude a donné lieu à une série de *canzoni* qui devaient former la base poétique du commentaire philosophique du *Banquet*.

Un autre grand changement se produit avec la participation politique plus active de Dante aux affaires de la commune. En 1295, il devient membre de la guilde des médecins et des apothicaires (à laquelle les philosophes peuvent adhérer), ce qui lui ouvre la voie de la fonction publique. Mais il entre dans l'arène politique à une époque des plus périlleuses pour la ville. Comme à l'époque de la guerre civile entre Guelfes et Gibelins, dans les années 1290, Florence est redevenue une ville divisée. La classe guelfe au pouvoir à Florence se divise en un parti de « Noirs », dirigé par Corso Donati, et un parti de « Blancs », auquel Dante appartient. Les Blancs ont pris le dessus et exilé les Noirs.

On trouve de nombreuses informations concernant les activités de Dante après 1295. En mai 1300, il fait partie d'une importante ambassade à San Gimignano, une ville voisine, dont le but est de consolider la ligue guelfe des villes toscanes contre les ambitions croissantes du nouveau pape Boniface VIII, en difficulté. Lorsque Dante est élu au priorat en 1300, il est probablement déjà reconnu comme le porte-parole de ceux qui, dans la cité, sont déterminés à résister à la politique de Boniface. Dante a donc connu un revirement complet dans son attitude concernant l'étendue du pouvoir papal.

L'hégémonie des Guelfes – le parti soutenant le pape – a été restaurée à Florence en 1266 par une alliance forgée entre les forces françaises et de la papauté. En 1300, cependant, Dante en est venu à s'opposer aux ambitions territoriales de Boniface, ce qui lui fournit la motivation intellectuelle d'un autre changement, encore plus important : Dante, le guelfe modéré, va à terme, grâce à son expérience directe des effets néfastes de l'implication du pape dans les affaires politiques, devenir dans *Le Banquet*, dans son œuvre tardive, *La Monarchie* et surtout dans toute *La Divine Comédie*, l'un des plus fervents défenseurs de la position selon laquelle l'empire ne doit pas tirer son autorité politique du pape.

Les événements, par ailleurs, vont pousser Dante à s'opposer davantage aux politiques papales. Une nouvelle alliance se forme entre la papauté, les Français et les Guelfes noirs en exil. Lorsque Charles de Valois souhaite obtenir la permission d'entrer à Florence, la ville elle-même est plongée dans l'indécision politique. Afin de s'assurer de la nature des intentions du pape, une ambassade est envoyée à Rome pour discuter de ces questions avec lui.

Dante est l'un des émissaires, mais son dilemme est exprimé dans la phrase légendaire : « Si je pars, qui reste ; si je reste, qui part ? » Bref, il est dépassé par la situation. Boniface renvoie les deux autres légats et retient Dante. Début novembre 1301, les forces de Charles de Valois sont autorisées à entrer à Florence. La nuit même, les Noirs exilés rentrent subrepticement à Florence et, pendant six jours, font régner la terreur sur la ville. Dante est mis au courant de la supercherie d'abord à Rome, puis de manière plus complète à Sienne. En janvier, il est appelé à comparaître devant le nouveau gouvernement florentin et, faute de s'y plier, il est condamné, avec trois autres anciens prieurs, pour des crimes qu'il n'a pas commis. Refusant toujours de comparaître, le 10 mars 1302, Dante et quatorze autres Blancs sont condamnés à être brûlés vifs.

Dante subit ainsi la crise la plus décisive de sa vie. Dans *La Divine Comédie*, il évoque fréquemment et avec force cette rupture ; il en fait même l'acte dramatique central vers lequel tend une longue série de prophéties. Mais le but de Dante est aussi de montrer les moyens par lesquels il a triomphé de son désastre personnel, faisant ainsi de son poème une véritable « divine comédie ».

EXIL
ET PRINCIPALES
ŒUVRES

Les informations sur les premières années d'exil de Dante sont rares, mais suffisantes pour en donner une idée générale. Il semble que Dante ait d'abord été actif parmi les Guelfes exilés dans leurs tentatives pour obtenir un retour militaire. Ces efforts se sont avérés infructueux. De toute évidence, Dante perd alors toute illusion quant aux autres parias florentins, les Gibelins. Il prend la décision de prouver sa valeur par ses écrits et d'assurer ainsi son retour. Ce sont les circonstances qui l'amènent à composer *Il Convivio* (*Le Banquet*).

Dante projetait une œuvre en quinze livres, dont quatorze seraient des commentaires de différents *canzoni*. Il n'en a achevé que quatre. Les commentaires terminés dépassent la portée des poèmes à bien des égards, pour devenir un recueil d'instructions. L'intention de Dante dans *Le Banquet*, comme dans *La Divine Comédie*, est de placer les épineuses questions morales et politiques de son époque dans un cadre éthique et métaphysique approprié.

Le livre I du *Banquet* constitue en grande partie une défense émouvante et systématique de la langue vernaculaire ; le « *De vulgari eloquentia* » (« De l'éloquence vernaculaire ») inachevé. Dante est devenu le grand défenseur de son utilisation et, à la dernière phrase du livre I, il prédit avec précision son avenir glorieux : « Ce sera la nouvelle lumière, le nouveau soleil, qui se lèvera quand celui qui est usé se couchera, et qui donnera la lumière à ceux qui sont dans l'ombre et dans les ténèbres à cause du vieux soleil, qui ne les éclaire pas. »

La révolution décrite par Dante n'est rien de moins que le crépuscule d'une culture latine essentiellement cléricale et l'émergence d'une alphabétisation urbaine en langue vernaculaire. Dante se voit comme le philosophe, un médiateur entre les deux, aidant à éduquer un public de lecteurs nouvellement affranchis. La littérature italienne annoncée par Dante va bientôt devenir la littérature majoritaire et l'italien la principale langue littéraire d'Europe, et ce, pendant plus de trois siècles.

Dans *Le Banquet*, le système politique et philosophique de Dante est presque parvenu à maturation. C'est dans cette œuvre que Dante prend pour la première fois la défense vibrante de la tradition impériale et de l'Empire romain. Il introduit le concept crucial de l'*horme* – c'est-à-dire un désir inné qui incite l'âme à revenir à Dieu –, mais qui nécessite une éducation appropriée à travers des exemples et une doctrine. Faute de quoi, il peut être dévoyé vers des objectifs mondains et la société risque d'être déchirée par son pouvoir destructeur. Dans *Le Banquet*, Dante établit le lien entre sa pensée politique et sa compréhension de l'appétit humain : étant donné l'avidité du pape pour le pouvoir mondial, il n'existe à l'époque aucun modèle spirituel approprié pour orienter les aspirations à Dieu ; et étant donné la faiblesse de l'empire, il n'existe aucune loi suffisante pour exercer une contrainte physique sur la volonté. Pour Dante, cela explique le chaos dans lequel l'Italie a été plongée, un constat qui le pousse, dans l'espoir d'y remédier, à s'atteler à la tâche épique de *La Divine Comédie*.

Pendant le règne de Henri, comte de Luxembourg, – vers 1309-1310 – Dante écrit d'importantes épîtres politiques, preuve de la grande estime dont il jouit dans toute l'Italie, de son autorité personnelle, en quelque sorte. Dans ces textes, il exalte Henri, l'exhorte à la diligence et condamne Florence. Cependant, dans une action ultérieure qui va rappeler à Dante la duplicité de Boniface, Clément lui-même se retournera contre Henri.

Cette action est à l'origine de l'un des plus grands traités polémiques de Dante, son *De Monarchia* (*La Monarchie*), dans lequel il développe les arguments politiques du *Banquet*. En proie à l'état d'esprit amer provoqué par la tromperie de Clément, Dante tourne ses pouvoirs argumentatifs contre l'obsession papale de sa supériorité sur le dirigeant politique – c'est-à-dire contre l'argument selon lequel l'empire tire son autorité politique du pape. Dans les derniers passages de *La Monarchie*, Dante écrit que les finalités conçues par la Providence pour l'humanité sont doubles : l'une est la félicité dans cette vie, véhiculée par la figure du paradis terrestre, et l'autre est la félicité dans la vie éternelle, incarnée par l'image d'un paradis céleste.

Malgré leurs finalités différentes, ces deux objectifs ne sont pas sans lien. Dante conclut sa *Monarchie* en assurant son lecteur qu'il ne veut pas laisser entendre « que le gouvernement romain n'est en rien soumis au pontificat romain, car d'une certaine manière, notre bonheur mortel est ordonné au nom du bonheur immortel. » Le problème de Dante est qu'il doit exprimer dans un langage théorique une relation subtile qui serait mieux transmise par un langage métaphorique et des exemples historiques. Passant en revue l'histoire de la relation entre la papauté et l'empire, Dante cite, pour les approuver, des exemples historiques spécifiques, telle que la bonne volonté de

Constantin à l'égard de l'Église. La déception de Dante face à l'échec de la mission d'Henri VII vient du fait que le commanditaire initial d'Henri était apparemment le pape Clément et que les conditions semblaient idéales pour rétablir la bonne relation entre les pouvoirs suprêmes.

LA DIVINE COMÉDIE

Les années d'exil de Dante sont des années de voyages laborieux d'un endroit à un autre, comme il le dit lui-même à plusieurs reprises, le plus efficacement dans *Paradiso* (*Le Paradis*), notamment à travers la lamentation émouvante de Cacciaguida : « amer est le goût du pain d'un autre homme et pénible l'ascension et la descente de l'escalier d'un autre homme. » Tout au long de son exil, Dante a néanmoins été soutenu par son travail sur son grand poème. *La Divine Comédie* a probablement été commencée avant 1308 et achevée juste avant sa mort en 1321, cependant les dates exactes en sont incertaines. En outre, au cours de ses dernières années, Dante est reçu avec les honneurs dans de nombreuses maisons nobles du Nord de l'Italie, notamment par Guido Novello da Polenta, le neveu de la remarquable Francesca, à Ravenne. C'est là qu'à sa mort, Dante a reçu un enterrement avec les honneurs en présence des principaux hommes de lettres de l'époque, et son oraison funèbre est prononcée par Guido lui-même.

L'intrigue de *La Divine Comédie* est simple : un homme, que l'on considère généralement comme étant une représentation de Dante lui-même, est miraculeusement autorisé à entreprendre un voyage dans l'autre monde, qui le conduit à visiter les âmes de l'Enfer, du Purgatoire et du Paradis. Il a deux guides : Virgile, qui l'emmène à travers *L'Inferno* (*L'Enfer*) et *Il Purgatorio* (*Le Purgatoire*) Béatrice, qui lui fait découvrir *Il Paradiso* (*Le Paradis*). Grâce à ces rencontres fictives qui se déroulent du soir du vendredi saint 1300 au dimanche de Pâques et un peu au-delà, Dante apprend l'exil qui l'attend (et qui s'est déjà produit au moment de la rédaction). Ce procédé permet à Dante non seulement de créer une histoire à partir de son exil imminent, mais aussi d'expliquer les moyens par lesquels il est parvenu à faire face à son épreuve personnelle et d'offrir également des suggestions pour la résolution des problèmes de l'Italie. Ainsi, l'exil d'un individu figure un microcosme des problèmes d'un pays et il devient également représentatif de la chute de l'humanité. L'histoire de Dante est donc à la fois historiquement spécifique et paradigmatique.

L'élément structurel de base dans *La Divine Comédie* est le *canto*. Le poème se compose de cent *cantos*, eux-mêmes regroupés en trois sections, ou cantiques : *Inferno*, *Purgatorio* et *Paradiso*. Techniquement, il y a trente-trois *cantos* dans chaque cantique et un *canto* supplémentaire, contenu dans l'*Inferno*, qui sert d'introduction à l'ensemble du poème. Pour la plupart, les *cantos* vont de cent trente-six à cent cinquante-et-un vers environ. Le schéma de rimes du poème est la *terza rima* (aba, bcb, cdc). Ainsi, le trois, chiffre divin, est présent dans chaque partie de l'œuvre.

L'ENFER (INFERNO)

L'Enfer de Dante diffère de ses grands prédécesseurs classiques, tant par son positionnement que par son objectif. Dans l'*Odyssée* d'Homère et l'*Énéide* de Virgile, la visite au pays des morts a lieu au milieu du poème, car c'est dans ces livres, au centre de l'œuvre, que sont révélées les valeurs essentielles de la vie. Dante, tout en adoptant la même convention, transforme la pratique en commençant son voyage par la visite du pays des morts. Il fait cela parce que le modèle spirituel de son poème n'est pas antique mais chrétien : le voyage de Dante en enfer représente l'acte spirituel de mourir au monde et coïncide donc avec la saison de la mort du Christ lui-même. *L'Enfer* représente un faux départ au cours duquel Dante, le personnage, doit être détourné des valeurs néfastes qui l'empêchent en quelque sorte de s'élever au-dessus de son monde déchu. Malgré la nature régressive de *L'Enfer*, les rencontres de Dante avec la succession de damnés sont parmi les moments les plus mémorables du poème : les Neutres, les païens vertueux, Francesca da Rimini, Filipo Argenti, Farinata degli Uberti, Piero delle Vigne, Brunetto Latini, les papes simoniaques, Ulysse et Ugolino della Gherardesca, s'imposent à l'imagination du lecteur avec une force considérable.

La visite de l'enfer est, comme l'expliquent Virgile et plus tard Béatrice, une mesure extrême, un acte douloureux mais nécessaire avant que puisse commencer la véritable guérison. Cela explique pourquoi *L'Enfer* est à la fois esthétiquement et théologiquement incomplet. Par exemple, les lecteurs expriment souvent leur déception devant le manque de puissance dramatique ou émotionnelle de la rencontre finale avec Satan au chant XXXIV. Mais parce que le voyage à travers l'enfer signifie avant tout un processus de séparation et n'est donc que l'étape initiale d'un développement plus complet, il doit se terminer par une chute distincte, quitte à ce qu'elle soit décevante. D'une certaine manière, c'est inévitable, car la révélation finale de Satan ne peut rien offrir de nouveau : les tristes effets de sa présence dans l'histoire humaine sont déjà apparus tout au long de *L'Enfer*.

LE PURGATOIRE (PURGATORIO)

Dans *Le Purgatoire* commence le douloureux processus de réhabilitation spirituelle du protagoniste. En fait, cette partie du voyage peut être considérée comme le véritable point de départ moral du poème. Ici, le pèlerin Dante tempère sa personnalité afin de pouvoir s'élever. En effet, contrairement à *L'Enfer*, où Dante est confronté à un système de modèles dont il doit se défaire, dans *Le Purgatoire*, peu de personnages se présentent comme des modèles : tous les pénitents sont des pèlerins sur le chemin de la vie. Dante, au lieu d'être un observateur étonné et aliéné, est un participant actif. Si *L'Enfer* est un cantique de l'aliénation forcée et involontaire, où Dante apprend combien ses anciennes allégeances étaient néfastes, dans *Le Purgatoire*, il en vient à accepter comme étant la plus appropriée l'image chrétienne essentielle de la vie en tant que pèlerinage. Ainsi que le rappelle Béatrice dans son retour magistral au paradis terrestre, Dante doit apprendre à rejeter les promesses trompeuses du monde temporel.

Malgré son régime sévère, *Le Purgatoire* est le royaume de l'aube spirituelle, où des visions plus larges sont présentées. Alors que la philosophie n'est évoquée que dans un seul *canto* de *L'Enfer*, où il est question de Fortuna, *Le Purgatoire* ouvre des perspectives historiques, politiques et morales. C'est, en outre, le grand cantique de la poésie et des arts. Dante l'entend littéralement lorsqu'il proclame, après les dimensions lugubres de l'enfer : « Mais ici, que la poésie ressuscite d'entre les morts. »

Il n'y a qu'un seul poète proprement dit dans *L'Enfer* et pas plus de deux dans *Le Paradis*, mais dans *Le Purgatoire*, le lecteur rencontre les musiciens Casella et Belacqua et le poète Sordello ; il entend parler de la fortune des deux Guido, Guinizelli et Cavalcanti, des peintres Cimabue et Giotto, des miniaturistes…

Dans les hauteurs du *Purgatoire*, le lecteur observe Dante reconstruire sa tradition classique et puis il se rapproche encore plus de la grande tradition autochtone de Dante : lorsqu'il rencontre Forese Donati, qu'il s'entend expliquer, dans une rencontre avec Bonagiunta da Lucca, les véritables ressources du *dolce stil nuovo*, qu'il rencontre Guido Guinizelli et qu'il entend comment il a surpassé en habileté et en maîtrise poétique le poète régional régnant, Guittone d'Arezzo. Ces *cantos* reprennent la ligne de pensée présentée dans *L'Enfer*, où, parmi les païens vertueux, Dante annonce son propre programme d'épopée et prend sa place, « sixième parmi ce nombre », aux côtés des écrivains antiques. Dans *Le Purgatoire*, il révèle également sa tradition plus moderne, issue de Guinizelli. Peu de temps après sa rencontre avec Guinizelli, vient la réunion tant attendue avec Béatrice dans le paradis terrestre.

Ainsi, c'est de la lecture de textes antiques que Dante semble avoir tiré sa compréhension morale et politique tout comme sa conception du poème épique, c'est-à-dire un récit-cadre suffisamment vaste pour englober les questions les plus importantes de son époque, mais c'est de sa tradition natale qu'il a acquis la philosophie de l'amour, qui constitue la matière chrétienne de son poème.

Cela signifie bien sûr que Virgile, le guide de Dante, doit céder la place à d'autres chefs, et dans un cantique par ailleurs dépourvu de dramaturgie, le rejet de Virgile devient l'unique événement théâtral. L'utilisation que Dante fait de Virgile constitue l'une des appropriations culturelles les plus riches de la littérature. Pour commencer, dans le poème de Dante, le poète latin est un représentant de la raison antique. Il est aussi un personnage historique et est présenté comme tel dans *L'Enfer* : « ... J'étais autrefois un homme, et mes parents étaient des Lombards, tous deux mantouans de naissance. Je suis né sous Julius, bien que vers la fin de son règne, et j'ai vécu à Rome sous le bon Auguste, au temps des dieux faux et menteurs. » Virgile, en outre, est associé à la patrie de Dante, et son parcours est entièrement impérial : né sous Jules César, il a exalté Auguste César. Il est présenté comme un poète, dont le thème de la grande épopée ressemble remarquablement à celui du poème de Dante : « J'étais poète et je chantais ce fils juste d'Anchise qui vint de Troie après que le fier Ilium avait été brûlé. »

Dante chante ainsi également le fils juste d'une ville, Florence, injustement banni et obligé de chercher, comme Énée, une cité meilleure, dans son cas la cité céleste.

Virgile est un poète que Dante a étudié avec attention et duquel il a acquis son style poétique, dont la beauté lui a valu beaucoup d'honneurs. Pourtant, Dante a perdu le contact avec Virgile au cours des années qui ont suivi et, lorsque l'esprit de Virgile revient, il semble affaibli par un long silence. Mais le Virgile qui revient est plus qu'un styliste, c'est le poète de l'Empire romain, un sujet de grande importance pour Dante, et c'est un poète qui est devenu un *saggio*, un sage ou un professeur de morale.

Bien que partisan de la raison, Virgile est devenu un émissaire de la grâce divine et son retour s'inscrit dans le cadre de la renaissance de ces croyances plus simples associées à la confiance de Dante en Béatrice. Et pourtant, bien sûr, Virgile est insuffisant à lui seul. On ne peut pas dire que Dante rejette Virgile ; au contraire, il a tristement constaté que nulle part dans l'œuvre de Virgile – c'est-à-dire dans sa conscience –, il n'y avait le sentiment de libération personnelle de l'enchantement de l'histoire et de ses processus. Virgile a donné à Dante une instruction morale sur la survie en tant qu'exilé, qui est le thème de son propre poème ainsi que de celui de Dante, mais il s'accrochait à sa foi dans les processus de l'histoire qui, étant donné leur point culminant dans l'Empire romain, s'avéraient profondément consolants. Dante, en revanche, est déterminé à aller au-delà de l'histoire parce qu'elle est devenue pour lui un cauchemar.

LE PARADIS (PARADISO)

Dans *Le Paradis*, le véritable accomplissement héroïque est atteint. Le poème de Dante donne une expression à ces figures du passé qui semblent défier la mort. Leur impact historique continue et la totalité de leur engagement inspire à leurs disciples un sentiment d'exaltation et un désir d'identification. Dans ses rencontres avec des personnages tels que son arrière-arrière-grand-père Cacciaguida et les saints François, Dominique et Bernard, Dante est transporté au-delà de lui-même. *Le Paradis* est donc un poème d'accomplissement et d'achèvement. Il est l'accomplissement de ce qui est préfiguré dans les cantiques précédents. Sur le plan esthétique, il complète le système élaboré d'anticipation et de rétrospection du poème.

HÉRITAGE ET INFLUENCE

La reconnaissance et les honneurs dus à *La Divine Comédie* de Dante n'ont pas attendu le long passage du temps : dès l'année 1400 sont publiés pas moins de douze commentaires détaillés de sa signification. Giovanni Boccaccio écrit une vie du poète et donne en 1373-1374 les premières conférences publiques sur *La Divine Comédie*, ce qui signifie que Dante fut le premier des modernes dont l'œuvre trouva sa place avec les classiques de l'Antiquité dans un cours universitaire. Dante est alors connu comme le *divino poeta* et, dans une splendide édition de son grand poème publiée à

Venise en 1555, l'adjectif est appliqué au titre du poème : ainsi, la simple *Commedia* devient *La divina commedia*, *La Divine Comédie*.

Même lorsque l'épopée a perdu de son attrait et est remplacée par d'autres formes d'art – le roman, principalement, et le théâtre –, la renommée de Dante perdure. En fait, son grand poème jouit du type de pouvoir propre à un classique : les époques successives ont pu y trouver le reflet de leurs propres préoccupations intellectuelles. Au XIXᵉ siècle post-napoléonien, les lecteurs se sont identifiés aux personnalités puissantes, compatissantes et maudites de *L'Enfer*.

Dante a créé un remarquable répertoire d'archétypes dans une œuvre aux représentations mimétiques vives, ainsi qu'un poème d'un grand art stylistique dans ses préfigurations et ses correspondances. En outre, il a incorporé à tout cela d'importants thèmes politiques, philosophiques et théologiques, et ce, d'une manière qui témoigne d'une sagesse morale et d'une vision éthique élevées.

La Divine Comédie de Dante est un poème qui conserve son succès depuis plus de six cent cinquante ans. Par la simple puissance de ses conceptions imaginatives saisissantes, il continue à étonner des générations de lecteurs. Pendant plus d'un siècle, il a été un élément essentiel de tous les programmes d'enseignement supérieur du monde occidental et il continue à guider et à nourrir les principaux poètes de notre époque.

DANTE DANS LA MODERNITÉ : UN HÉRITAGE DE SEPT CENTS ANS

« Abandonne tout espoir, toi qui entres ici. »

C'est la phrase inscrite sur la porte de l'enfer dans l'une des premières traductions anglaises de *La Divine Comédie*, réalisée par Henry Francis Cary en 1814. Cette phrase est l'épigraphe d'*American Psycho*, de Bret Easton Ellis, elle est accrochée comme un avertissement au-dessus de l'entrée du parc à thème « Pirates des Caraïbes » de Disney, elle apparaît dans le jeu vidéo *World of Warcraft* et a été reprise dans une chanson de The Gaslight Anthem.

Pourtant ce n'est qu'un vers sur les 14233 qui composent *La Divine Comédie*. L'ambition littéraire semble avoir accompagné Dante dès le début de sa vie, lorsqu'il souhaitait devenir pharmacien. Dans la Florence de la fin du XIIIe siècle, les livres étaient vendus dans les boutiques des apothicaires, ce qui témoigne de la notion commune selon laquelle les mots sur papier ou sur parchemin pouvaient affecter les esprits par leurs idées autant que n'importe quel médicament.

Et quelle dépendance a suscité *La Divine Comédie*, œuvre littéraire sans cesse adaptée, copiée, citée et pastichée, qui a inspiré peintres et sculpteurs pendant des siècles ! Plus que les auteurs de la *Bible* elle-même, Dante nous a fourni la vision de l'enfer qui nous reste et qui a été peinte par Botticelli et Blake, Delacroix et Dalí, transformée en sculpture par Rodin – dont *Le Baiser* représente les amants damnés de Dante, Paolo et

Francesca – et illustrée dans les pages des bandes dessinées *X-Men* par John Romita. Jorge Luis Borges a déclaré que *La Divine Comédie* est « le meilleur livre que la littérature ait jamais réalisé. » Peut-être l'épigraphe de *La Divine Comédie* elle-même devrait-elle être : « Rassemble ton inspiration, toi qui entres ici. »

Mais ce n'est pas seulement en tant que source d'inspiration pour les écrivains et les plasticiens que *La Divine Comédie* règne en maître : c'est l'œuvre qui a consacré ce que nous considérons comme la langue italienne et qui a fait progresser l'idée de l'auteur en tant que voix créatrice singulière dotée d'une vision suffisamment puissante pour s'élever aux côtés des Saintes Écritures, une notion qui a ouvert la voie à la Renaissance, puis à la Réforme et enfin à l'humanisme séculaire qui domine le discours intellectuel d'aujourd'hui. Vous n'avez peut-être jamais lu une seule ligne de

La Divine Comédie et pourtant vous avez été influencé par elle.

Les préjugés de Dante expliquent en grande partie la façon dont nous voyons l'enfer, le purgatoire et le paradis. Il mêle la théologie chrétienne et le mythe païen gréco-romain, comme si les deux étaient simultanément vrais – ou plutôt, pour utiliser un autre terme de l'écriture contemporaine de science-fiction/fantasy, il « rétablit » le mythe gréco-romain afin que ses personnages, y compris les dieux, puissent coexister avec le christianisme d'une manière logique. Charon, la figure mythologique grecque qui transporte les âmes aux enfers, transporte désormais les damnés en enfer. Satan lui-même est appelé Dis, autre nom de Pluton, le dieu des Enfers.

L'histoire du monde réel côtoie également le divin : qui Satan dévore-t-il éternellement ? Judas, le traître du Christ, dans l'une de ses trois bouches, oui. Mais Brutus et Cassius, les traîtres de Jules César, sont dans ses deux autres bouches. Dante suggère en effet que Jules César peut être au même niveau d'importance que Jésus. Toute l'histoire de la littérature et de la théologie occidentales est la matière première de Dante, dont il prélève des échantillons qu'il mélange comme une sorte d'artiste hip-hop du XIVe siècle.

Toutes ces références à l'histoire, aux mythes et aux écritures finissent par constituer des munitions rhétoriques permettant à Dante de commenter la politique de son époque, de la même manière que certains d'entre nous invoqueraient, par exemple, des extraits de films ou de séries télévisées immédiatement reconnaissables pour donner un sens à ce qui se passe dans notre monde actuel. Soudain, alors qu'il se trouve au paradis, l'empereur byzantin Justinien apparaît et ajoute ses deux florins au sujet du roi français Charles de Valois, qui tente de saper le Saint-Empire romain germanique en prêtant sa force militaire à la papauté : « Que le jeune Charles ne pense pas que le Seigneur changera ses armoiries ornées d'aigles contre des gerbes de lys, ni qu'une épée jouet et un bouclier en mastic fonctionneront comme des porte-bonheur. » Selon la traduction de Clive James (2013), Dante avait également un compte personnel à régler puisque, les forces qui s'étaient alliées à Charles l'ayant exilé de Florence –, il a été banni de sa ville bien-aimée pendant presque les vingt dernières années de sa vie.

Et il y a plus de règlements de comptes dans *La Divine Comédie* que dans tous les épisodes des *Feux de l'amour réunis*. Son souhait pour Pise est la noyade de « toutes ses âmes ». Dans le même *canto*, il ajoute, également par l'intermédiaire de James : « Ah, Génois, vous qui connaissez toutes les ficelles de la corruption profonde et qui ne savez pas le moindre mot de la bonne coutume, comment n'êtes-vous pas chassés de ce monde ? » Du mythique roi Midas, il dit : « Et maintenant, pour toujours, tous les hommes se battent pour de faux en se riant de lui. » Il n'y a jamais eu maître plus habile de l'insulte.

Il n'y a jamais eu non plus d'imagination plus à l'écoute des formes inventives de châtiments. Les *barrators*, terme désignant les politiciens ouverts à l'acceptation de pots-de-vin, sont coincés dans une mare de poix chaude parce qu'ils avaient les doigts collants de leur vivant. Caïphe, le grand prêtre qui a contribué à condamner le Christ, est lui-même crucifié. Le comte Ugolino de Pise est autorisé à ronger à jamais le cou de l'archevêque Ruggieri, l'homme qui les a condamnés, lui et ses fils, à mourir de faim.

Autant d'images saisissantes, mais rendues encore plus puissantes par la langue dans laquelle Dante a choisi de les transmettre : non pas le latin, la langue de toutes les œuvres littéraires sérieuses en Italie à cette époque, mais le toscan florentin. Au début du XIVe siècle, l'Italie est une mosaïque de cités-états où diverses puissances impériales extérieures cherchent à imposer leur influence, mais également une mosaïque de langues différentes. Écrire dans le dialecte florentin de la langue toscane aurait pu limiter l'attrait de *La Divine Comédie*. Au contraire, l'œuvre s'est avérée si populaire, si inépuisable, que les lettrés italiens se sont adaptés au toscan florentin ou se sont efforcés de l'apprendre, afin de pouvoir l'apprécier dans la langue de Dante.

Grâce à *La Divine Comédie*, le toscan florentin est devenu la *lingua franca* de l'Italie, contribuant à faire de Florence le centre créatif de la Renaissance. Il est également devenu la langue dans laquelle écriront les descendants littéraires de Dante, Boccace et Pétrarque, pour finir par être simplement connu sous le nom d'« italien ». Par la force de ses mots, Dante a contribué à créer l'idée même de la langue italienne qui est parlée aujourd'hui.

Le fait d'écrire en langue vernaculaire et de contribuer à la création d'une nouvelle langue pour une grande partie de l'Italie a permis aux idées de Dante de s'enraciner largement et a contribué à préparer le terrain pour les révolutions intellectuelles à venir de la Renaissance, de la Réforme et des Lumières. Deux siècles plus tard, les dirigeants protestants défendraient l'idée que lire la *Bible* dans sa propre langue revenait à pouvoir lui donner sa propre compréhension individuelle, sapant ainsi l'idée que nul salut n'est possible sans l'intermédiaire de l'Église romaine – ce que Dante lui-même avait déjà fait en inventant carrément des éléments de la cosmologie qu'il présente dans *La Divine Comédie*.

Il a eu la présomption de compléter ce que la *Bible* ne disait pas. Et, préparant le terrain pour la Renaissance et sa réhabilitation du savoir antique, l'idée que Dante se fait de l'enfer s'inspire de l'opinion d'Aristote selon laquelle la raison est la chose la plus importante dans la vie – ce qui sera l'idée ultérieure du protestantisme, selon laquelle la raison d'un individu est son chemin vers le salut. Chaque cercle de l'enfer, et les sept péchés capitaux qui leur sont attribués, ainsi que quelques autres catégories, sont classés en fonction soit de l'échec de la raison (les délits mineurs, dans lesquels les pulsions primaires submergent l'intellect, comme la luxure, la gourmandise, l'avarice et la paresse), soit de l'agression directe et consciente de la raison (comme la fraude et la malveillance, qui sont les délits les plus graves de l'Enfer et pour lesquels les damnés sont placés dans les cercles les plus bas et les plus sombres).

La Divine Comédie marque un pivot dans l'histoire de l'Occident. Elle rassemble les expressions littéraires et théologiques, païennes et chrétiennes qui l'ont précédée, tout en contenant l'ADN du monde moderne à venir. Elle ne contient peut-être pas le sens de la vie, mais elle est la théorie du Tout, propre à la littérature occidentale.

TIRAGE
DU *TAROT DE DANTE*

La lecture de ce tarot est une entreprise beaucoup plus facile que ce à quoi l'on s'attend normalement. Au départ, il y a une question que l'on pose et les cartes, qui fournissent chacune une facette de la réponse, mais la partie la plus importante demeure l'intuition du lecteur, qui peut adapter la signification des cartes afin de fournir un récit utile et pertinent pour le demandeur.

Vous découvrirez dans les pages suivantes une méthode de lecture inspirée de l'œuvre de Dante.

Mélangez les cartes et tirez-en trois, que vous alignerez.

1. **Inferno (Enfer)** : Cette carte représentera les peurs, les défis et les obstacles auxquels le demandeur est confronté.
2. **Purgatorio (Purgatoire)** : Cette carte représentera les doutes, les incertitudes et tout ce qui n'est pas clair pour le demandeur.
3. **Paradiso (Paradis)** : Cette carte représentera les ressources, les atouts, les fondements et l'aide sur lesquels le demandeur peut compter.

Une quatrième carte peut alors être tirée et placée sous les trois premières.

4. **La Route**: Cette dernière carte représente la direction que le demandeur doit prendre pour apporter une solution à sa question et progresser de manière saine et bonne dans son parcours de vie.

Certains lecteurs de tarots (c'est une technique facultative) donneront une interprétation différente selon que la carte est à l'endroit ou à l'envers (aspect positif ou négatif). Des exemples de ces différentes interprétations peuvent être trouvés dans les arcanes majeurs.

ARCANES MAJEURS

O. LE FOU - ÉTRANGETÉ

POSITIF : légèreté de cœur, aisance, liberté, créativité.

NÉGATIF : laisser-aller, irrationalité, stupidité, folie.

I. LE MAGICIEN - VOLONTÉ

POSITIF : efficacité, esprit de décision, sagacité, méticulosité.

NÉGATIF : impudence, escalade sociale, charlatanisme, grossièreté.

II. LA GRANDE PRÊTRESSE - ÉTUDE

POSITIF : étude, intuition, confiance, amour platonique, discrétion.

NÉGATIF : passivité, ignorance, préjugés, hystérie.

III. L'IMPÉRATRICE - FERTILITÉ

POSITIF : intelligence, réceptivité, aide, grossesse.

NÉGATIF : indécision, frivolité, stérilité.

IV. L'EMPEREUR - STABILITÉ

POSITIF : fermeté, droit, justice supérieure, protection.

NÉGATIF : désir ardent, tyrannie, arrogance, iniquité.

V. L'HIÉROPHANTE - INSPIRATION

POSITIF : pitié, soulagement, conseil, tradition.

NÉGATIF : rancœur, intolérance, méfiance, actes vulgaires.

VI. LES AMOUREUX - CHOIX

POSITIF : tentative, épreuve, pacte, contrat, mariage.

NÉGATIF : indécision, tentation, infidélité, épreuve ratée.

VII. LE CHARIOT - VICTOIRE

POSITIF : succès, ambitions, capacité de leadership, évolution.

NÉGATIF : défaite, incapacité, erreurs, mauvaise gestion.

VIII. JUSTICE - ÉQUILIBRE

POSITIF : loi, égalité, harmonie, logique, hiérarchie.

NÉGATIF : erreurs, préjugés, sectarisme, problèmes juridiques.

IX. L'ERMITE - PRUDENCE

POSITIF : silence, austérité, solitude, recherche.

NÉGATIF : misanthropie, auto-apitoiement, retard, ennemis cachés.

X. LA ROUE DE FORTUNE - ALTERNANCE

POSITIF : opportunité positive, ascension, cycles chronologiques et naturels.

NÉGATIF : retard, instabilité, révolution.

XI. LA FORCE - ÉNERGIE

POSITIF : courage, intelligence, force morale, succès, reconnaissance.

NÉGATIF : tyrannie, impulsivité, imprudence.

XII. LE PENDU - LE SACRIFICE

POSITIF : idéalisme, détachement, ascèse, extase.

NÉGATIF : maladie, contrainte, punition, sacrifice.

XIII. LA MORT - LA FIN

POSITIF : changement brusque, fin, mort initiatique.

NÉGATIF : stagnation, vieillesse, dépérissement, spiritualisme.

XIV. LA TEMPÉRANCE - MÉTAMORPHOSE

POSITIF : modération, adaptation, repos, guérison.

NÉGATIF : tension, opposition, maladie, fatigue.

XV. LE DIABLE - INSTINCT

POSITIF : fascination, suggestion, originalité, égoïsme.

NÉGATIF : anxiété, immoralité, méchanceté, magie noire.

XVI. LA TOUR - EXIL

POSITIF : abandon, fuite, effondrement des convictions, chute.

NÉGATIF : adversité, échec, orgueil puni, exil.

XVII. LES ÉTOILES - ESPOIR

POSITIF : signes positifs, idées lumineuses, bien-être.

NÉGATIF : fatalisme, mauvais signes, humeur instable.

XVIII. LA LUNE - RÊVES

POSITIF : voyages sur l'eau, recherches difficiles, rencontres étranges, visions.

NÉGATIF : inconstance, danger, mensonge, virus.

XIX. LE SOLEIL - HARMONIE

POSITIF : solidarité, sincérité, amour, positivité, solution.

NÉGATIF : irritabilité, malentendus, difficultés.

XX. LE JUGEMENT - RENOUVEAU

POSITIF : naissance, éveil, épreuve de conscience, guérison, renommée.

NÉGATIF : remords, perte, maladie.

XXI. LE MONDE – RÉCOMPENSE

POSITIF : succès, cycle évolutif, moment opportun.

NÉGATIF : imperfection, échecs, difficultés, chaos.

ARCANES MINEURS

SUITE DES COUPES

AS DE COUPES : L'abondance (grande coupe), foyer et bonheur domestique (intérieur riche).

2 DE COUPES : La chance (femme avec un bol de fruits et une roue) qui demande attention et soin (homme penché avec un marteau, des clous et une lampe à huile).

3 DE COUPES : L'insouciance (fou à droite avec des moutons) menace (femme à gauche qui piétine

le compas) une entreprise positive (chance au centre).

4 DE COUPES : Une personne difficile à conquérir, un célibataire ou une vieille fille (figures à gauche avec un coing coupé en deux), ou un mariage (joug) qui est reporté (personnes au fond à droite).

5 DE COUPES : La jalousie (personnage à gauche avec une branche épineuse) infondée (c'est-à-dire trompeuse : crochets et serpents) ; l'indécision (le doute, personne nue) dans le temps (les trois Parques avec de l'eau à la place du fil du temps) qui provoque des retards.

6 DE COUPES : La crédulité (fou nu et souriant) ; il est facile de vous contrôler (homme avec la coupe renversée) ; les quatre autres figures représentent l'infidélité et l'imposture.

7 DE COUPES : L'inconstance (personne de gauche avec la lune et le crabe) et les mensonges (personnage boiteux à droite avec un fagot de bâtons en feu). Faites attention (lampe à huile) à l'inconstance de vos connaissances (lunes).

8 DE COUPES : La compagnie de personnes agréables, les célébrations (banquet), les bonnes amitiés (orme et vigne dans la coupe).

9 DE COUPES : La chance (à gauche avec le globe), la richesse (trois vieilles femmes aveugles), la réalisation des désirs (les trois figures au sommet représentent l'espoir comme vertu ou comme certitude de la récompense satisfaite par la réalisation des désirs).

10 DE COUPES : Le bonheur (cornes d'abondance et caducée) dans la famille (couple au centre), bonnes nouvelles (rouleau avec le mot « *optime* »).

VALET DE COUPES :
Un ami proche (vigne et orme entrelacés), peut-être un ami ou un amour de jeunesse (personnage en bas dispersant l'argent) perdu il y a longtemps (sablier presque vide).

CAVALIER DE COUPES :
Faux ami (personne entre l'orme et la vigne), étranger (chameau), séducteur (bâton qui attise le feu).

REINE DE COUPES : Femme loyale (chien et clé attachée à la taille), gentille et agréable (dauphin).

ROI DE COUPES : homme honnête (regard vers le bas) qui prend cependant des décisions hâtives (flèche) et donc pas digne de confiance (colonne brisée).

SUITE DES DENIERS

AS DE DENIERS : Bien-être et santé (arbre luxuriant, sac rempli d'argent et maison riche), message important (parchemin avec les mots « *gravis nuntius* »), cadeau de valeur, réalisation de désirs longtemps gardés secrets (agave).

2 DE DENIERS : Histoire d'amour passionné (personne à gauche avec des cochons et un roseau qui représente Circé) entravée par des amis (orme et vigne entre les deux figures).

3 DE DENIERS : Querelles (deux personnes à gauche), actions en justice (parchemins avec les mots : « *vocatio* » et « *lis in iudicio* »), dissensions domestiques (femme à droite avec des serpents dans les cheveux et un bandeau au-dessus des yeux).

4 DE DENIERS : Des amis déloyaux (orme et vigne séparés) causent le malheur (femme à demi-nue, avec un bébé et une main coupée). Secret révélé (clé cassée et homme laid avec un poignard caché qui embrasse un beau jeune homme).

5 DE DENIERS : Nouvelle (homme de dos qui porte un rouleau avec les mots « *nova nuntia* ») inattendue (personne étonnée à gauche) ; il peut s'agir d'un signe de succès dans les affaires (homme couronné de laurier) ou d'un mariage heureux (deux personnages à droite avec un joug et un cœur).

6 DE DENIERS : Mariage précipité (deux bébés avec un cœur et un joug), fin prématurée du mariage (joug brisé par la foudre), signes négatifs pour un second mariage (corbeau et hibou).

7 DE DENIERS : Mensonges (figure de gauche avec un fagot de bâtons en feu), calomnies (personnes avec un voile noir et une langue fourchue), malchance aux jeux (faces des dés sur 1 et figures tristes).

8 DE DENIERS : Mariage (joug) à un âge avancé (personnes âgées), peut-être un voyage (bateau en arrière-plan) ou les deux ensemble (figures au premier plan qui relient bateau et coing).

9 DE DENIERS : Élan (personne à gauche avec des ailes, les yeux bandés et une épée) et impulsion (sanglier) pour voyager, plaisir (figure avec une lyre, des ailes et une sirène à ses pieds) de l'aventure et d'une vie mouvementée (en haut à droite, le mythe de Sisyphe), désir (femmes nues avec une flamme dans la poitrine) de voir le changement (conversion : personne semi-nue qui regarde vers le haut avec les mains sur la poitrine et une hydre à ses pieds) au cours de la vie.

10 DE DENIERS : Argent (en haut, figure avec des outils de frappe de monnaie à la main et une petite chouette sur la tête) qui, par-dessus tout (le personnage est au-dessus de la sphère du monde), est un but (moines adorateurs) mais ne garantit pas le bonheur.

VALET DE DENIERS : Parent (armoiries semblables à celles de la maison) jaloux (coq sur l'épaule, ailes, yeux et oreilles sur les vêtements et branches épineuses sur le sol) et égoïste (garde l'argent pour lui en regardant partout avec méfiance) ; messager qui apporte des nouvelles désagréables (sur le sol, un parchemin avec les mots « *iniucundum nuntium* »).

CAVALIER DE DENIERS :

Homme patient (joug, escargots, épines sous les sabots du cheval et sabot avant sur la pierre), persévérant et tenace (lierre), inventeur (tient une horloge à poids inventée à l'époque de Giotto) ou découvreur.

REINE DE DENIERS :

Femme vaine (plateau sur la tête avec un cœur), charmeuse (maquillage sur les joues), encline à se mêler des affaires d'autrui (sac ouvert sur le sol avec différentes armoiries), scandaleuse (flûte et cartes).

ROI DE DENIERS : Homme têtu (âne) qui est aussi vif et vindicatif (personnage qui se mord le doigt et lion frappé par une flèche) ; dangereux (roseau et serpent) quand il perd son sang-froid (rhinocéros).

SUITE DES BÂTONS

AS DE BÂTONS : Richesse (personnage aveugle), amis sincères (orme et vigne entrelacés), aisance d'esprit (alcyon).

2 DE BÂTONS : Déceptions ou humiliations (homme avec un hibou sur la tête et vêtements déchirés) ; opposition (roues qui tournent en sens inverse) de la part des amis (orme et vigne) ou des partenaires en affaires (sac d'argent).

3 DE BÂTONS : Il y aura plus d'un mariage (jougs, troncs d'arbres, coings et serpents sous les pieds), peut-être après un long engagement (sablier).

4 DE BÂTONS : Méfiance (lampe à huile) face à l'échec d'un projet (maison en ruine), à une énorme perte d'argent, à la pauvreté (personne avec une tête dans un vase en verre), à des amis peu sincères ou indignes de confiance.

5 DE BÂTONS : Mariage (joug et coing) avec une femme riche (pape et serviteurs).

6 DE BÂTONS : Affaires favorables, chance (personne avec une corne d'abondance et des grains) dans le domaine social (figures enlacées en demi-cercle et bâtons unis par un ruban).

7 DE BÂTONS : Chance (personnage avec une corne d'abondance et une roue) et bonheur (personne avec le caducée), mais méfiance (lampes à huile) face à une personne du sexe opposé (hommes en arrière-plan).

8 DE BÂTONS : Avidité (sanglier : il n'a pas encore avalé le gland qu'il a dans la bouche qu'il regarde déjà avidement vers la branche où pendent les autres) ; quelqu'un (homme à droite) utilisera, en trichant (figure nue avec deux cœurs et un masque), l'argent des autres (représenté par un sac avec un blason différent).

9 DE BÂTONS : Querelles persistantes, désaccords, discorde au sommet (cheveux ébouriffés avec divers serpents, bandage ensanglanté sur le front, mains levées armées de bâtons), annonce des disputes en sous-main.

10 DE BÂTONS : Chance (femme à gauche avec des ailes) inattendue (figure d'émerveillement à droite) au terme d'un voyage (coquillage) qui fut long (trois couples à gauche, un par continent : Europe, Afrique et Asie) ; perte possible d'un ami (mort qui éloigne la figure en arrière-plan à droite).

VALET DE BÂTONS : Ami sincère (cœur dans la main et colombe sur le bâton) mais impatient (pieds sur la sphère, éclairs et sablier) ; flatterie (flûte et abeilles) couronnée de succès (pélican).

CAVALIER : Aide (personnage qui tient un grand bâton) qui est une aubaine (deux têtes sur les épaules, gouvernail, clés) de la part d'un ami de la famille (armoiries similaires) ; soutien d'étrangers (bouclier avec des armoiries différentes posé sur une fente).

REINE DE BÂTONS :

Femme aimable (dauphin) qui est affectueuse (flamme sur le bâton) mais inconstante (lune et crabe).

ROI DE BÂTONS : Homme honnête (regard vers le bas), sincère (cœur et colombe), généreux (bras nu qui offre de l'or et lion), loyal (chien) et mature (longue barbe blanche).

SUITE DES ÉPÉES

AS D'ÉPÉES : Malchance (corbeau, navire échoué sur des rochers), mauvaises nouvelles (parchemin avec les mots « *tristis nuntius* »), prémonition de la mort (crâne, os), douleur (serpent agrippé) et tristesse (arbre mort parmi les rochers).

2 D'ÉPÉES : Changement (cercle brisé), départ (coquillage), perte du foyer (maison en ruine), séparation (grande fissure).

3 D'ÉPÉES : Voyage (coquillage) ; malchance (navire brisé) en amour (flèches perdues et torche éteinte) ou dans le mariage.

4 D'ÉPÉES : Petits (enfants) malheurs (de gauche à droite : la maladie avec l'anémone sur le dos, la jalousie avec les yeux et les oreilles sur les vêtements, la pauvreté avec les poignets ailés enchaînés à une pierre) qui retardent un projet (plan de l'église et boussole).

5 D'ÉPÉES : Chance (corne d'abondance et sphère) dans les affaires, harmonie sociale (trois personnages dans un groupe) après avoir surmonté un obstacle (poutre sur une grande fissure) ; méfiance (lampe à huile) face à la mélancolie (en haut à gauche) et au désespoir (hibou sur la tête).

6 D'ÉPÉES : Seule la constance (figure avec une colonne et une main armée sur le feu) vous permettra d'achever vos projets (maquette d'église). Il faut se tenir à l'écart des caprices (personnages entre les lunes).

7 D'ÉPÉES : Querelles (personnages en haut) qui causent des problèmes (homme blessé sur le sol, femmes en deuil, vase cassé).

8 D'ÉPÉES : Faites attention (lampe à huile) à tout ce que vous faites (anneau) ; les faux amis (figures masquées) pourraient s'avérer des rivaux (deux béliers).

9 D'ÉPÉES : Maladies, désastres et toutes sortes de malheurs. Cruauté (figure qui noie un nouveau-né ; personne qui rit en voyant un bâtiment détruit par le feu), peste (figure à l'épée levée, seins tombants et bandage sur la tête) ; dégâts (personne avec des souris et de la grêle sur la tête) ; malheur (personnage en haillons et sans main) ; famine (figure maigre et émacié avec une branche de saule et une pierre ponce) ; maladie comme la fièvre (homme avec de la vapeur sortant de la bouche et poitrine enflammée) ; tribulations (figure centrale avec un cœur dans la main gauche, des marteaux et une chaîne dans la main droite) ; mort (la faucheuse).

10 D'ÉPÉES : Signes négatifs (trois diables), détresse (homme nu avec un serpent), emprisonnement (trois figures enchaînées), douleur (figure boiteuse avec la bouche ouverte et un fouet) et travail vain (femme avec les mains sur la poitrine regardant une toile d'araignée).

VALET D'ÉPÉES : Personne paresseuse (traits grossiers, épée traversant une raie et écriture sur le col « *torpet iners* »), également envieuse (serpent sortant de la bouche, main en forme de crochet et pieds parmi les flammes), peut-être un espion (lanterne sombre).

CAVALIER D'ÉPÉES : Chevalier avec un penchant (roses, épines et pieds ailés) pour l'extravagance (lune), mais courageux et audacieux (casse la colonne qui soutient le bâtiment).

REINE D'ÉPÉES : Trahison (double visage, feu et eau), méchanceté (perdrix) ; veuve (alliance sur le sol) ou personne abandonnée (loin de la ville).

ROI D'ÉPÉES : Homme extrêmement ambitieux (plateau rempli de couronnes au-dessus de la tête et bandeau sur les yeux), fort et juste ou méchant et cruel (deux tours, l'une solide et l'autre en ruine).

SOURCES/CITATIONS

R. J. Quinones, « Dante » *Encyclopedia Britannica*, 5 janvier 2021. https://www.britannica.com/biography/Dante-Alighieri

C. Blauvelt, « Dante : He Took Us On A Tour Of Hell », BBC, 6 juin 2018. https://www.bbc.com/culture/article/20180604-dante-and-the-divine-comedy-he-took-us-on-a-tour-of-hell

pca
cmb
édition pré-presse
livres numériques

44400 Rezé